AF205384

Impressum
Verlag: BABADADA GmbH, Nedderfeld 112 , 22529 Hamburg
Geschäftsführer / Verlagsleitung: Harald Hof
Druck: Books on Demand GmbH, In de Tarpen 42, 22848 Norderstedt

Imprint
Publisher: BABADADA GmbH, Nedderfeld 112 , 22529 Hamburg, Germany
Managing Director / Publishing direction: Harald Hof
Print: Books on Demand GmbH, In de Tarpen 42, 22848 Norderstedt, Germany

škola

Szkoła

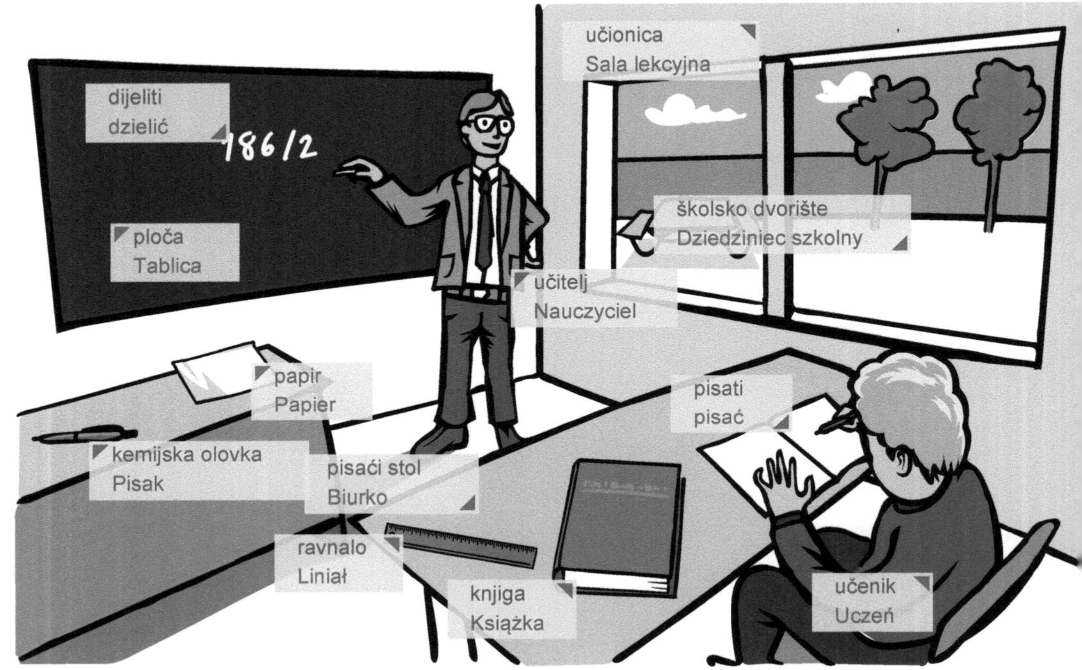

učionica
Sala lekcyjna
dijeliti
dzielić
186/2
ploča
Tablica
školsko dvorište
Dziedziniec szkolny
učitelj
Nauczyciel
papir
Papier
pisati
pisać
kemijska olovka
Pisak
pisaći stol
Biurko
ravnalo
Liniał
knjiga
Książka
učenik
Uczeń

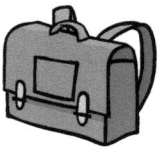

torba

Plecak szkolny

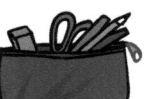

pernica

Piórnik

grafitna olovka

Ołówek

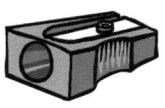

šiljilo za olovke

Temperówka

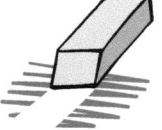

gumica za brisanje

Gumka do mazania

blok za crtanje

Blok rysunkowy

crtež

Rysunek

kist

Pędzel

kutija s bojama

Pudełko z akwarelami

makaze

Nożyce

ljepilo

Klej

bilježnica

Książka do ćwiczenia

domaći zadatak

Zadanie domowe

broj

Liczba

sabirati

dodawać

oduzimati

odejmować

množiti

mnożyć

računati

liczyć

slovo

Litera

abeceda

Alfabet

riječ

Słowo

tekst

Tekst

čitati

czytać

kreda

Kreda

sat

Godzina

dnevnik

Dziennik lekcyjny

ispit

Egzamin

svjedodžba

Świadectwo

školska uniforma

Mundurek szkolny

obrazovanje

Wykształcenie

leksikon

Leksykon

sveučilište

Uniwersytet

mikroskop

Mikroskop

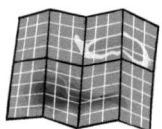

karta

Mapa

košara za papir

Kosz na odpadki

putovanje
Podróż

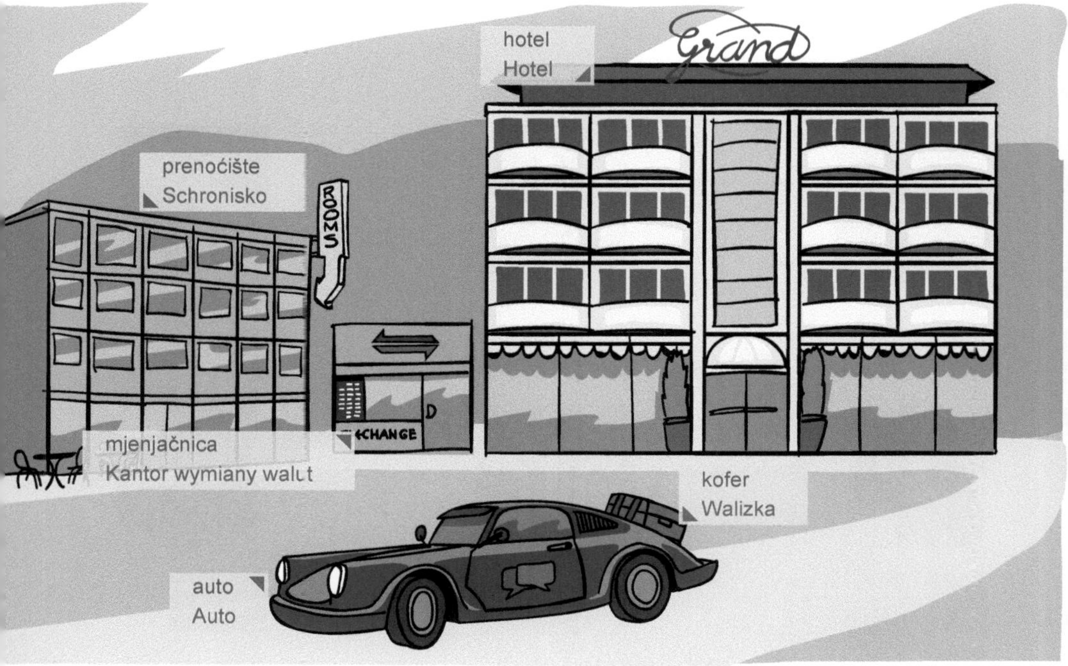
hotel
Hotel
Grand
prenoćište
Schronisko
ROOMS
mjenjačnica
Kantor wymiany walut
kofer
Walizka
auto
Auto

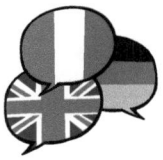

jezik
Język

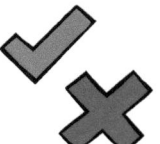

da / ne
tak / nie

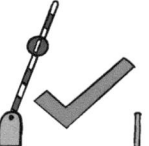

okay
OK

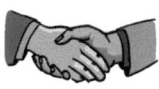

zdravo
Halo

prevoditelj
Tłumacz

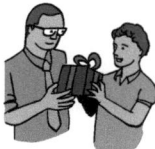

hvala
Dziękuję

Koliko košta...?

Ile kosztuje ...?

ne razumijem

Nie rozumiem

problem

Problem

dobro veče!

Dobry wieczór!

Dobro jutro!

Dzień dobry!

Laku noć!

Dobranoc!

doviđenja

Do widzenia

smjer

Kierunek

prtljaga

Bagaż

torba

Torba

ruksak

Plecak

gost

Gość

soba

Pokój

vreća za spavanje

Śpiwór

šator

Namiot

turističke informacije

Informacja turystyczna

plaža

Plaża

kreditna kartica

Karta kredytowa

doručak

Śniadanie

ručak

Obiad

večera

Kolacja

karta za vožnju

Bilet

dizalo

Winda

poštanska markica

Znaczek na list

granica

Granica

carina

Cło

ambasada

Ambasada

viza

Wiza

putovnica

Paszport

transport
Transport

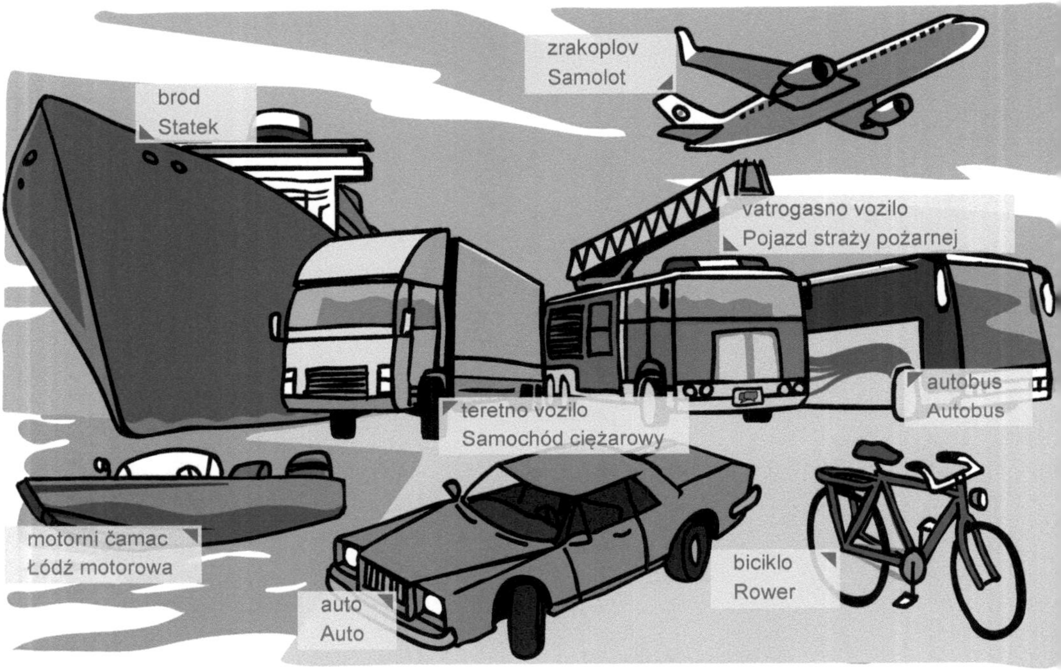
zrakoplov
Samolot
brod
Statek
vatrogasno vozilo
Pojazd straży pożarnej
autobus
Autobus
teretno vozilo
Samochód ciężarowy
motorni čamac
Łódź motorowa
biciklo
Rower
auto
Auto

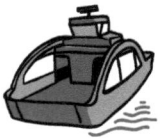

trajekt

Prom

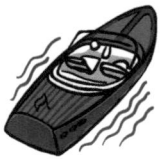

čamac

Łódź

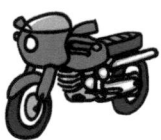

motocikl

Motocykl

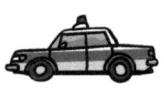

policijski auto

Radiowóz policyjny

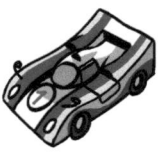

trkaći auto

Samochód wyścigowy

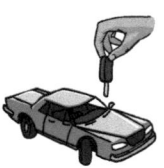

iznajmljeno auto

Samochód wypożyczony

dijeljenje automobila

Wspólne przejazdy
samochodem

vučno vozilo

Samochód pomocy
drogowej

vozilo za odvoz smeća

Śmieciarka

motor

Silnik

benzin

Benzyna

benzinska postaja

Stacja benzynowa

prometni znak

Znak drogowy

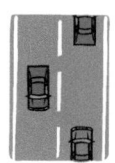

promet

Ruch

zastoj

Korek

parkiralište

Parking

kolodvor

Dworzec

šine

Szyny

vlak

Pociąg

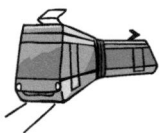

tramvaj

Tramwaj

vagon

Wagon

helikopter
Helikopter

zrakoplovna luka
Lotnisko

toranj
Wieża

putnik
Pasażer

kontejner
Kontener

karton
Karton

kolica
Taczka

košara
Kosz

uzletjeti / sletjeti
startować / lądować

grad
Miasto

selo
Wieś

centar grada
Centrum miasta

kuća
Dom

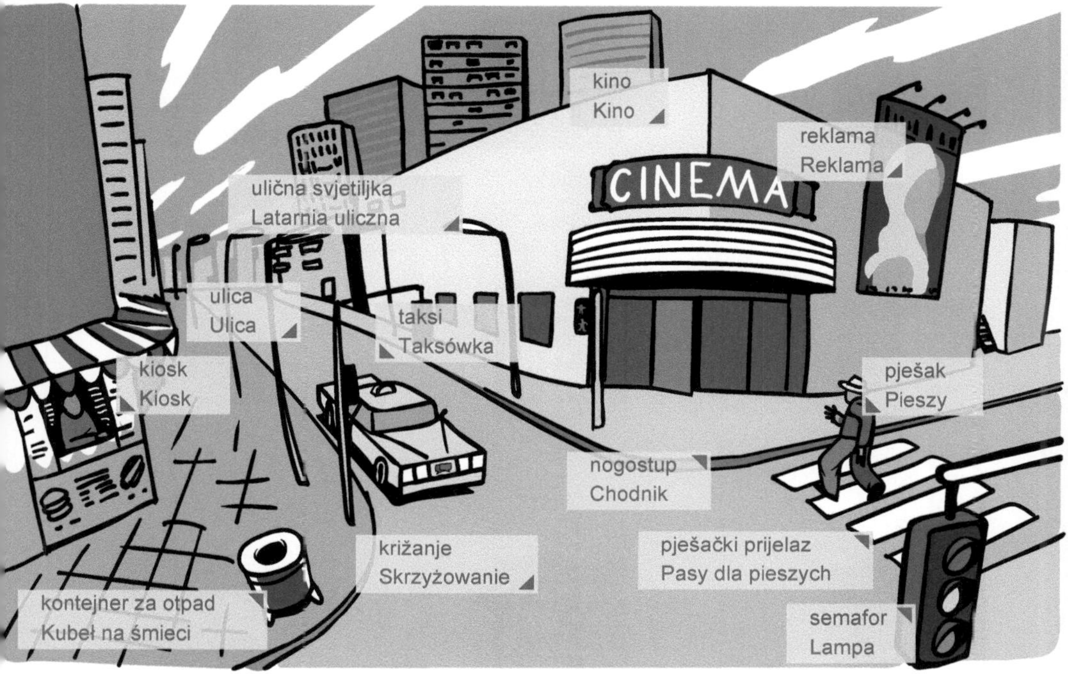
CINEMA
kino
Kino
reklama
Reklama
ulična svjetiljka
Latarnia uliczna
ulica
Ulica
taksi
Taksówka
kiosk
Kiosk
pješak
Pieszy
nogostup
Chodnik
križanje
Skrzyżowanie
pješački prijelaz
Pasy dla pieszych
kontejner za otpad
Kubeł na śmieci
semafor
Lampa

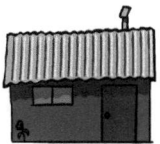

koliba

Chata

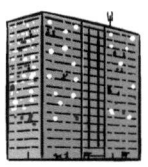

stan

Mieszkanie

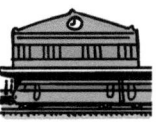

kolodvor

Dworzec

vijećnica

Ratusz

MUSEUM

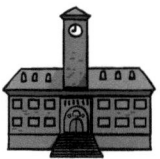

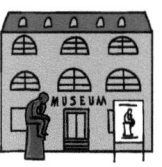

muzej

Muzeum

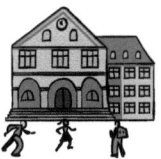

škola

Szkoła

sveučilište

Uniwersytet

banka

Bank

bolnica

Szpital

hotel

Hotel

ljekarna

Apteka

ured

Biuro

knjižara

Księgarnia

prodavaonica

Sklep

cvjećara

Kwiaciarnia

supermarket

Supermarket

trg

Rynek

robna kuća

Dom towarowy

ribarnica

Sklep z rybami

trgovački centar

Centrum handlowe

luka

Port

park
Park

klupa
Ławka

most
Most

stepenice
Schody

podzemna željeznica
Metro

tunel
Tunel

autobusna stanica
Przystanek autobusowy

bar
Bar

restoran
Restauracja

poštansko sanduče
Skrzynka na listy

ulični znak
Tabliczka z nazwą ulicy

parkirni sat
Parkometr

zoološki vrt
Zoo

bazen
Łaźnia

džamija
Meczet

seosko gazdinstvo

Gospodarstwo chłopskie

zagađenje okoliša

Zanieczyszczenie środowiska

groblje

Cmentarz

crkva

Kościół

igralište

Plac zabaw

hram

Świątynia

krajolik
Krajobraz

list
Liść

putokaz
Drogowskaz

put
Droga

livada
Łąka

kamen
Kamień

drvo
Drzewo

šetač
Wędrowiec

rijeka
Rzeka

trava
Trawa

cvijet
Kwiat

dolina

Dolina

planina

Góra

jezero

Jezioro

šuma

Las

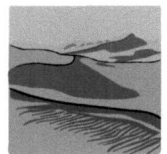

pustinja

Pustynia

vulkan

Wulkan

dvorac

Zamek

duga

Tęcza

gljiva

Grzyb

palma

Palma

moskito

Komar

muha

Mucha

mrav

Mrówka

pčela

Pszczoła

pauk

Pająk

buba

Chrząszcz

žaba

Żaba

vjeverica

Wiewiórka

jež

Jeż

zec

Zając

sova

Sowa

ptica

Ptak

labud

Łabędź

divlja svinja

Dzik

jelen

Jeleń

los

Łoś

nasip

Tama

vjetrenjača

Wiatrak

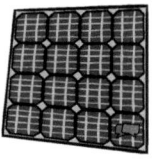

solarna ploča

Moduł solarny

klima

Klimat

restoran
Restauracja

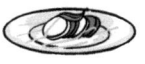

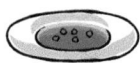

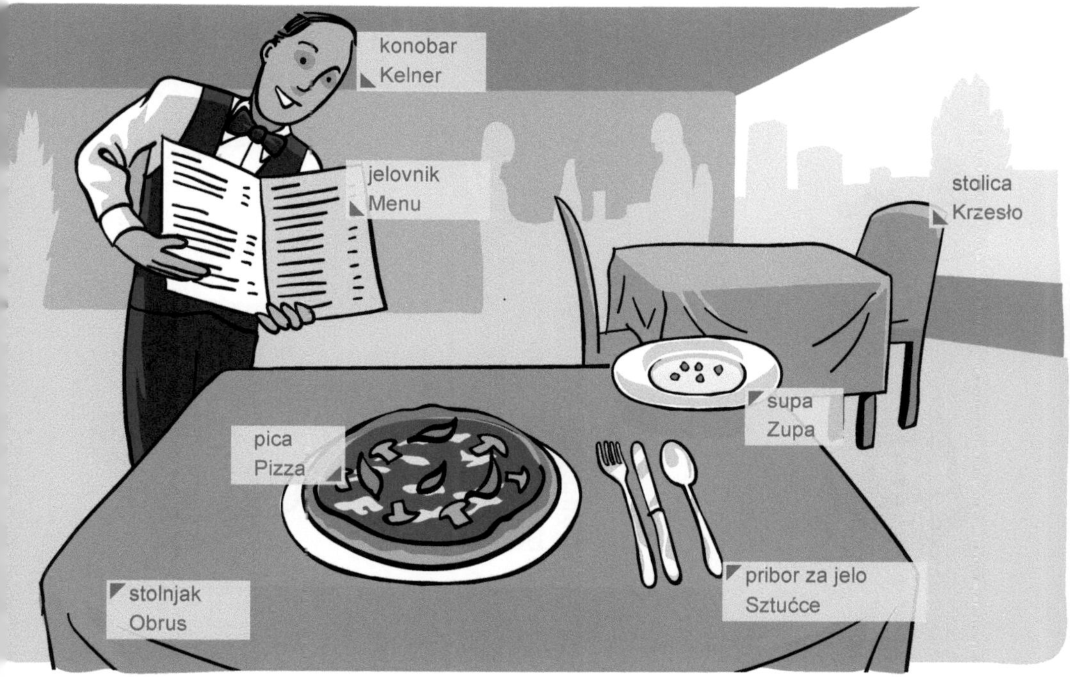
konobar
Kelner
jelovnik
Menu
stolica
Krzesło
supa
Zupa
pica
Pizza
stolnjak
Obrus
pribor za jelo
Sztućce

predjelo

Przystawka

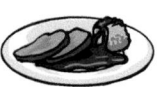

glavno jelo

Danie główne

desert

Deser

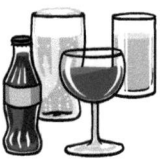

napitci

Napoje

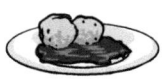

jelo

Jedzenie

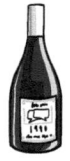

boca

Butelka

fastfood
Fastfood

imbis hrana
Streetfood

čajnik
Dzbanek na herbatę

doza za šećer
Cukierniczka

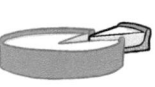

porcija
Porcja

aparat za espresso
Zaparzarka do espresso

visoka stolica
Krzesło dla dziecka

račun
Rachunek

pladanj
Taca

nož
Nóż

vilica
Widelec

žlica
Łyżka

čajna žlica
Łyżeczka

ubrus
Serwetka

čaša
Szklanka

tanjur

Talerz

tanjur za supu

Talerz do zupy

tanjurić

Podstawek pod filiżankę

sos

Sos

soljenka

Solniczka

mlin za biber

Młynek do pieprzu

ocat

Ocet

ulje

Olej

začini

Przyprawy

kečap

Keczup

senf

Musztarda

majoneza

Majonez

supermarket
Supermarket

ponuda
Oferta
FOR
kupac
Klient
mliječni proizvodi
Produkty mleczne
voće
Owoce
kolica za kupnju
Wózek sklepowy

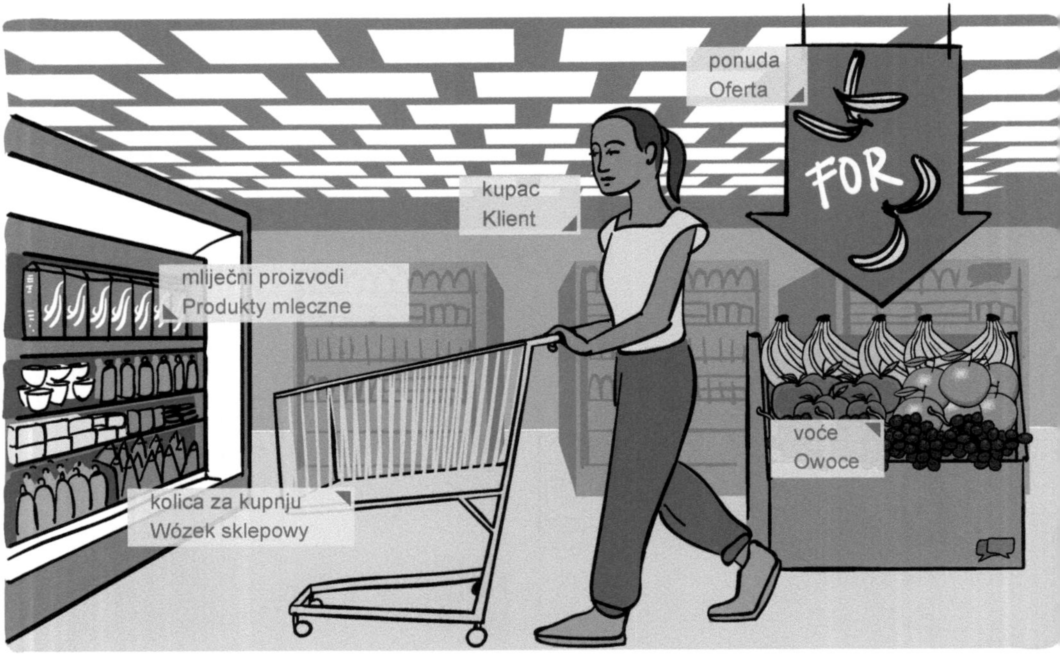

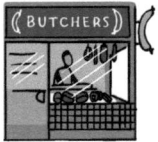

BUTCHERS

mesnica

Rzeźnia

BAKERY

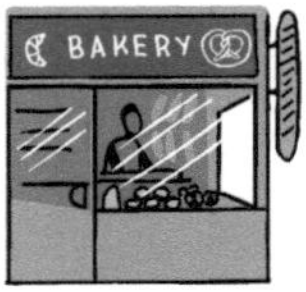

pekarnica

Piekarnia

vagati

ważyć

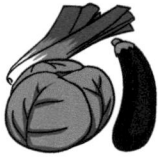

povrće

Warzywa

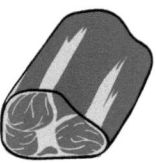

meso

Mięso

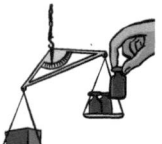

duboko smrznuta hrana

Mrożonki

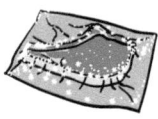

narezak

Wędliny

konzerve

Konserwy

sredstvo za pranje

Proszek m do prania

slatkiši

Słodycze

artikli za domaćinstvo

Artykuły użytku domowego

sredstva za čišćenje

Środek czyszczący

prodavačica

Sprzedawczyni

blagajna

Kasa

blagajnik

Kasjer

lista za kupnju

Lista zakupów

vrijeme rada

Godziny otwarcia

novčanik

Portfel

kreditna kartica

Karta kredytowa

torba

Torba

plastična vrećica

Torebka plastikowa

voda

Woda

sok

Sok

mlijeko

Mleko

cola

Cola

vino

Wino

pivo

Piwo

alkohol

Alkohol

kakao

Kakao

čaj

Herbata

kava

Kawa

espresso

Espresso

cappuccino

Cappuccino

banana
....
Banan

jabuka
....
Jabłko

naranča
....
Pomarańcza

lubenica
....
Arbuz

limun
....
Cytryna

mrkva
....
Marchew

češnjak
....
Czosnek

bambus
....
Bambus

luk
....
Cebula

gljiva
....
Grzyb

orašasti plodovi
....
Orzechy

rezanci
....
Makaron

špagete

Spaghetti

riža

Ryż

salata

Sałatka

pomfrit

Frytki

pečeni krumpir

Ziemniaki pieczone

pica

Pizza

hamburger

Hamburger

sendvič

Kanapka

šnicla

Sznycel

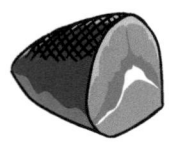

pršut

Szynka

salama

Salami

kobasica

Kiełbasa

kokoš

Kura

pečenje

Pieczeń

riba

Ryba

zobene pahuljice

Płatki owsiane

musli

Musli

kukuruzne pahuljice

Płatki kukurydziane

brašno

Mąka

roščić

Croissant

pecivo

Bułka

kruh

Chleb

toast

Toast

keksi

Ciastka

maslac

Masło

svježi sir

Twarożek

kolač

Ciasto

jaje

Jajko

jaje na oko

Jajko sadzone

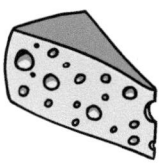

sir

Ser

sladoled

Lody

šećer

Cukier

med

Miód

marmelada

Marmolada

nugat krema

Krem nugatowy

curry

Curry

seosko gazdinstvo

Gospodarstwo chłopskie

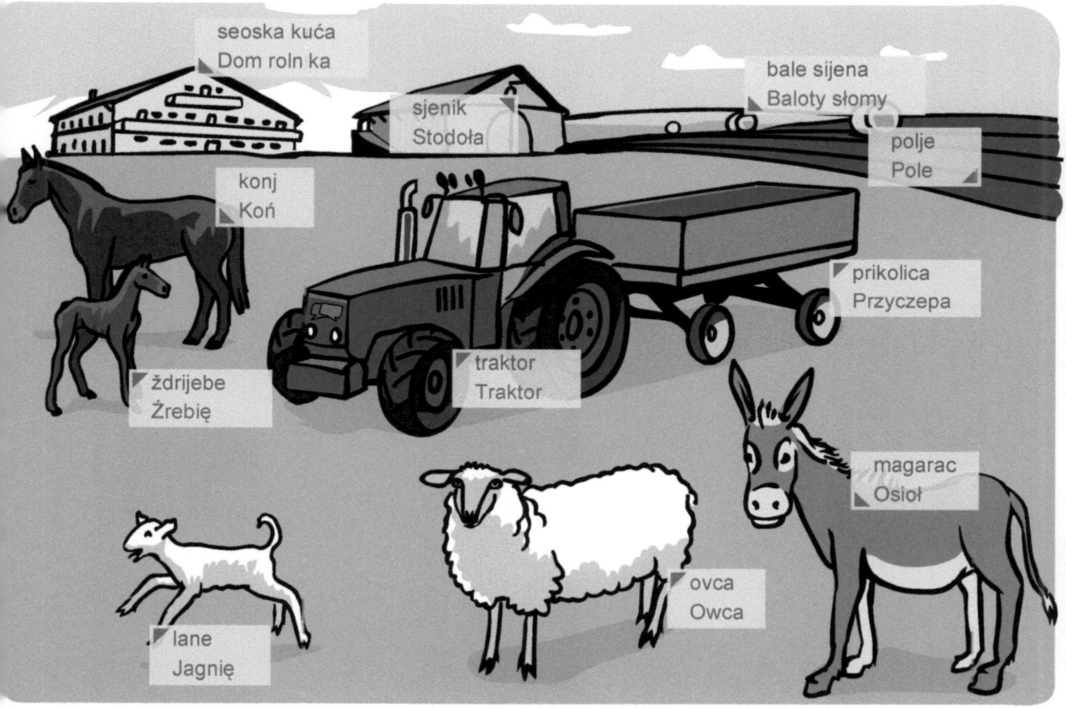
seoska kuća
Dom roln ka
sjenik
Stodoła
bale sijena
Baloty słomy
polje
Pole
konj
Koń
prikolica
Przyczepa
traktor
Traktor
ždrijebe
Źrebię
magarac
Osioł
ovca
Owca
lane
Jagnię

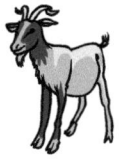

koza

Koza

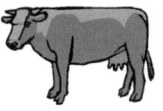

krava

Krowa

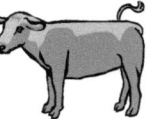

tele

Cielę

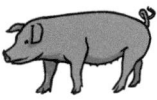

svinja

Świnia

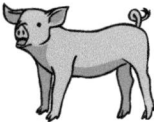

prase

Prosię

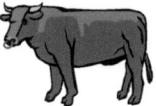

bik

Byk

guska

Gęś

patka

Kaczka

pilići

Kurczątko

kokoš

Kura

pijetao

Kogut

pacov

Szczur

mačka

Kot

miš

Mysz

vol

Osioł

pas

Pies

kućica za psa

Buda dla psa

vrtno crijevo

Wąż ogrodowy

kanta za polijevanje

Konewka

kosa

Kosa

plug

Pług

srp
Sierp

motika
Graca

vilica za gnojivo
Widły

sjekira
Siekiera

tačke
Taczka

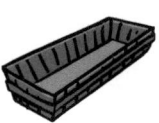

korito
Koryto

posuda za mlijeko
Kanka na mleko

vreća
Worek

ograda
Płot

štala
Stajnia

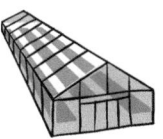

staklenik
Szklarnia

zemlja
Ziemia

sjeme
Nasiona

gnojivo
Nawóz

kombajn
Kombajn zbożowy

žanjati

zbierać

žetva

Żniwa

yams začin

Podchrzyn

pšenica

Pszenica

soja

Soja

krumpir

Ziemniak

kukuruz

Kukurydza

uljana repica

Rzepak

voćka

Drzewo owocowe

gomolj manioke

Maniok

žitarice

Zboże

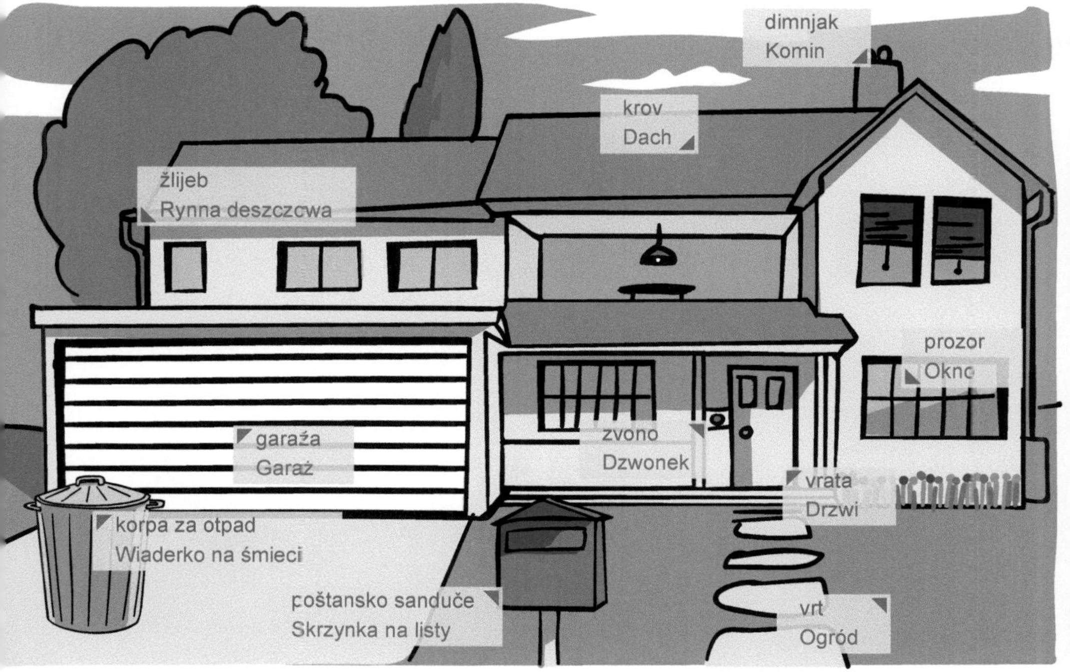

dimnjak
Komin

krov
Dach

žlijeb
Rynna deszczcwa

prozor
Okno

garaža
Garaż

zvono
Dzwonek

vrata
Drzwi

korpa za otpad
Wiaderko na śmieci

poštansko sanduče
Skrzynka na listy

vrt
Ogród

dnevna soba
Pokój dzienny

kupaonica
Łazienka

kuhinja
Kuchnia

spavaća soba
Sypialnia

dječija soba
Pokój dziecięcy

trpezarija
Jadalnia

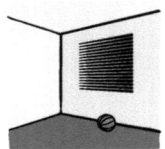

pod
....
Ziemia

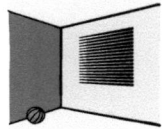

zid
....
Ściana

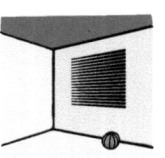

strop
....
Koc

podrum
....
Piwnica

sauna
....
Sauna

balkon
....
Balkon

terasa
....
Taras

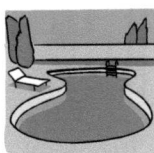

bazen
....
Basen

kosilica za travu
....
Kosiarka do trawy

posteljina za krevet
....
Poszwa

deka za krevet
....
Kołdra

krevet
....
Łóżko

metla
....
Miotła

kanta
....
Wiadro

sklopka
....
Włącznik

dnevna soba
Pokój dzienny

tapeta
Tapeta
slika
Obraz
svjetiljka
Lampa
regal
Regał
ormar
Szafa
televizija
Telewizor
kamin
Komin
cvijet
Kwiat
jastuk
Poduszka
kauč
Kanapa
vaza
Wazon
daljinski upravljač
Pilot

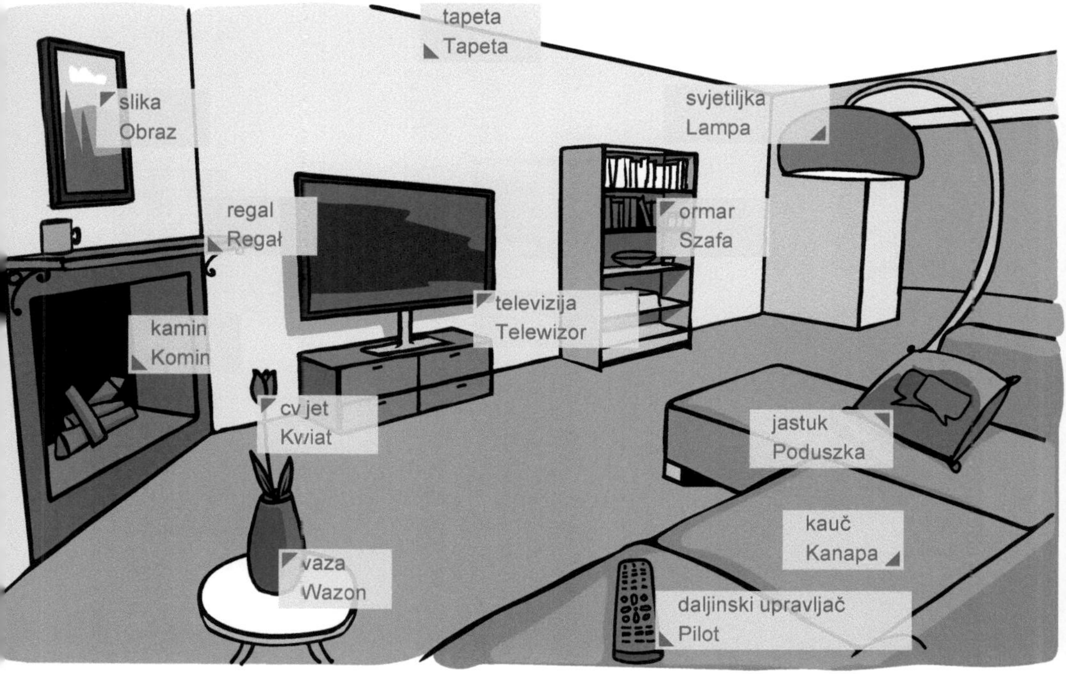

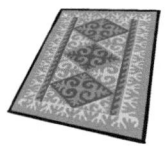

tepih

Dywan

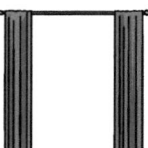

zavjesa

Zasłona

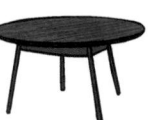

stol

Stół

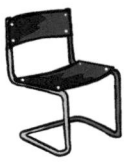

stolica

Krzesło

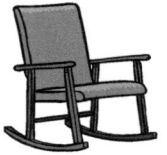

stolica za njihanje

Bujak

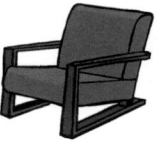

fotelja

Fotel

knjiga

Książka

deka

Sufit

dekoracija

Dekoracja

drvo za ogrjev

Drewno kominkowe

film

Film

stereo uređaj

Instalacja stereo

ključ

Klucz

novine

Gazeta

slika na platnu

Malunek

poster

Plakat

radio

Radio

blok za pisanje

Notatnik

usisavač

Odkurzacz

kaktus

Kaktus

svijeća

Świeczka

kuhinja
Kuchnia

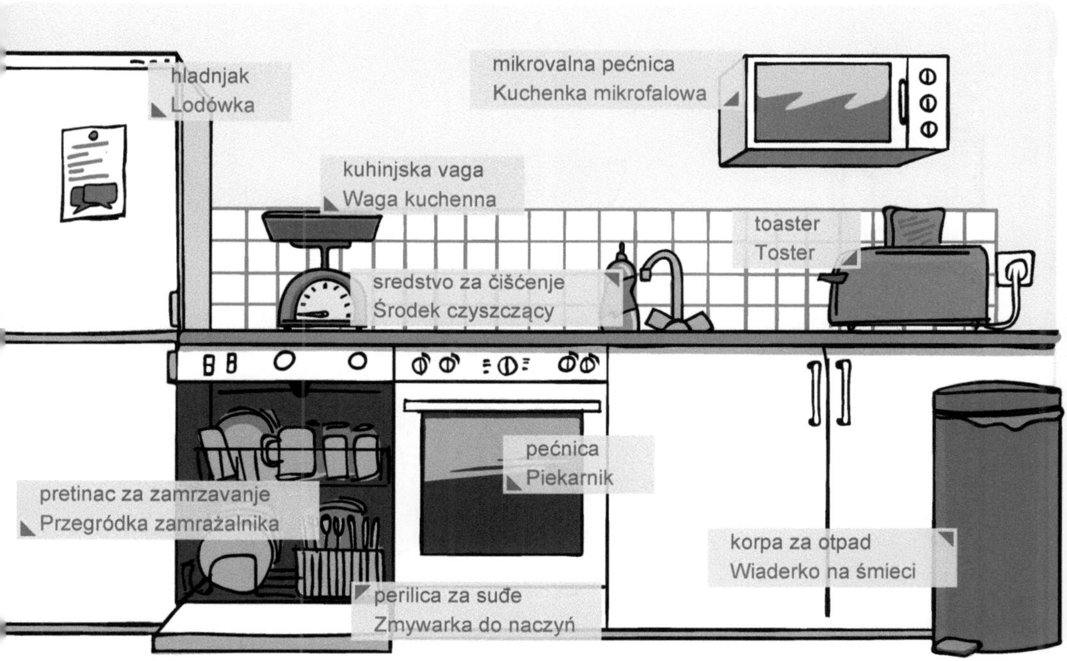
hladnjak
Lodówka
mikrovalna pećnica
Kuchenka mikrofalowa
kuhinjska vaga
Waga kuchenna
toaster
Toster
sredstvo za čišćenje
Środek czyszczący
pećnica
Piekarnik
pretinac za zamrzavanje
Przegródka zamrażalnika
korpa za otpad
Wiaderko na śmieci
perilica za suđe
Zmywarka do naczyń

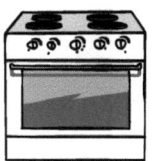

štednjak

Kuchenka

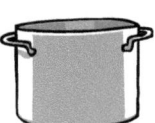

lonac

Garnek

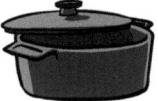

željezni lonac

Kocioł żeliwny

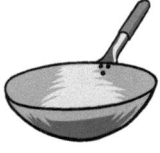

wok / kadai

Wok / Kadai

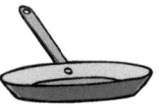

tava

Patelnia

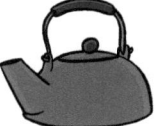

kuhalo za vodu

Czajnik

kuhalo na paru

Parowar

lim za pečenje

Blacha do pieczenia

posuđe

Naczynia kuchenne

čaša

Kubek

zdjela

Miska

štapići za jelo

Pałeczki

kutljača

Nabierka

lopatica

Łopatka do smażenia

pjenjača

Trzepaczka do śmietany

sito za kuhanje

Cedzak

sito

Sitko

ribež

Tarka

mužar

Moździerz

roštilj

Grillowanie

ognjište

Palenisko

daska

Deska

oklagija

Wałek do ciasta

vadičep

Korkociąg

konzerva

Puszka

otvarač konzervi

Otwieracz do puszek

krpa za lonac

Ściereczka do trzymania garnka

sudoper

Umywalka

četka

Szczotka

spužva

Gąbka

mikser

Mikser

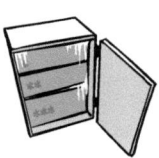

zamrzivač

Zamrażarka

bočica za bebe

Butelka dla niemowlęcia

slavina za vodu

Kran

kupaonica
Łazienka

grijanje
Ogrzewanie
ručnik
Ręcznik
tuš
Prysznic
zavjesa za tuš
Kotara prysznicowa
pjenušava kupka
Płyn do kąpieli
kada
Wanna kąpielowa
čaša
Szklanka
perilica za rublje
Pralka
slavina za vodu
Kran
pločice
Kafelki
dječja kahlica
Nocnik
sudoper
Umywalka

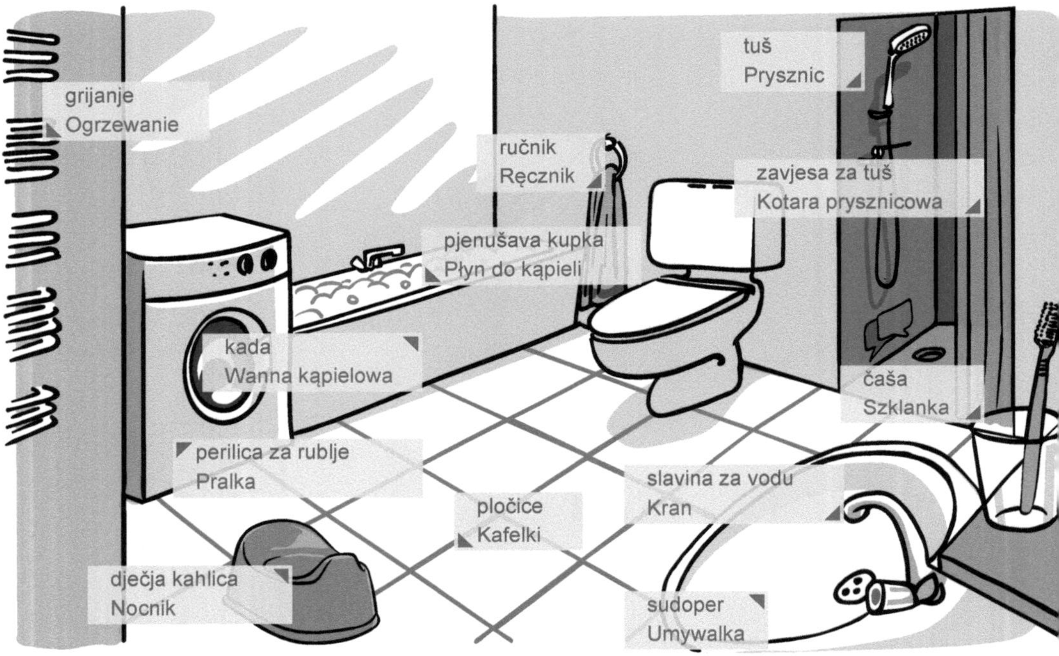

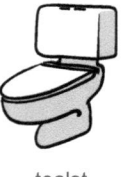

toalet

Toaleta

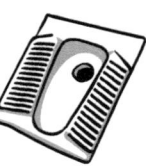

čučavac

Toaleta kuczna

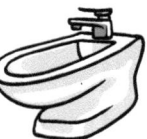

bidet

Bidet

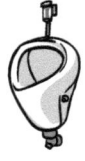

pisoar

Pisuar

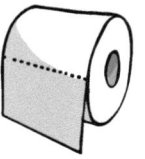

papir za toalet

Papier toaletowy

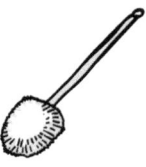

četka za toalet

Szczotka toaletowa

četkica za zube

Szczoteczka do zębów

pasta za zube

Pasta do zębów

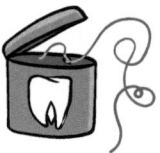

konac za zube

Nitki do czyszczenia zębów

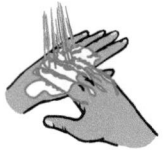

prati

myć

tuš ručica

Głowica prysznicowa

tuš za pranje intimnih dijelova

Płyn kąpielowy do higieny intymnej

lavor

Miska do mycia

četka za pranje leđa

Szczotka kąpielowa

sapun

Mydło

gel za tуširanje

Żel prysznicowy

šampon

Szampon

krpa za pranje

Rękawica kąpielowa

odvod

Odpływ

krema

Krem

dezodorans

Dezodorant

ogledalo

Lustro

kozmetičko ogledalo

Lustro kosmetyczne

brijač

Golarka

pjena za brijanje

Pianka do golenia

losion za poslije brijanja

Woda po goleniu

češalj

Grzebień

četka

Szczotka

sušilo za kosu

Suszarka do włosów

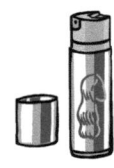

sprej za kosu

Spray do włosów

makeup

Makijaż

ruž za usne

Pomadka

lak za nokte

Lakier do paznokci

vata

Wata

škare za nokte

Nożyczki do paznokci

parfem

Perfum

neseser

Kosmetyczka

stolica

Taboret

vaga

Waga

ogrtač

Szlafrok kąpielowy

rukavice za čišćenje

Rękawice gumowe

tampon

Tampon

uložak

Podpaska damska

kemijski toalet

Toaleta chemiczna

dječija soba
Pokój dziecięcy

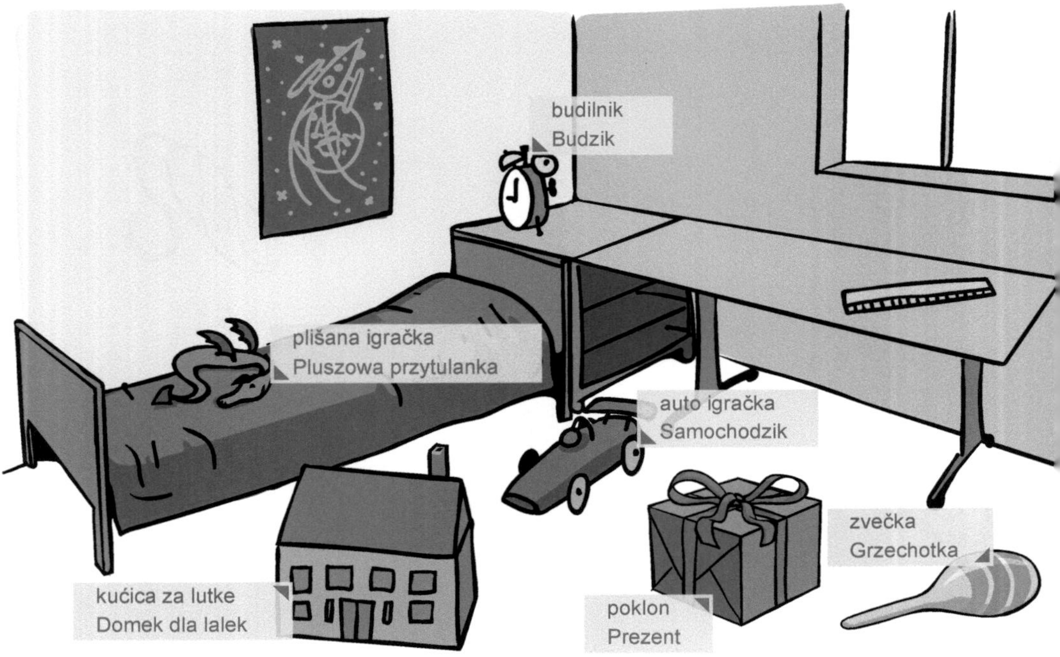
budilnik
Budzik
plišana igračka
Pluszowa przytulanka
auto igračka
Samochodzik
zvečka
Grzechotka
kućica za lutke
Domek dla lalek
poklon
Prezent

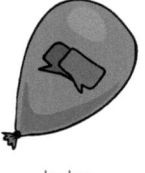

balon

Balon

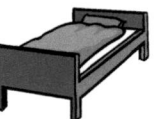

krevet

Łóżko

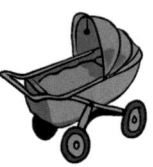

dječija kolica

Wózek dziecięcy

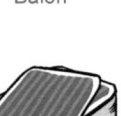

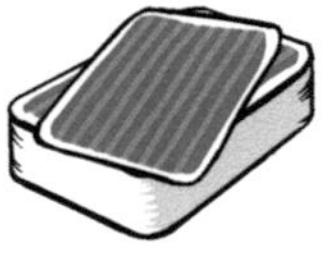

igra s kartama

Gra w karty

slagalica

Puzzle

SUPER MEGA

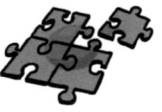

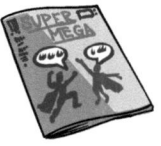

strip

Komiks

lego kockice

Klocki lego

kockice za slaganje

Klocki

akcioni junak

Action figura

kombinezon za bebe

Śpioszek dziecięcy

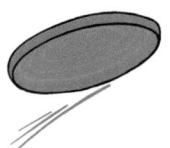

frizbi

Frisbee

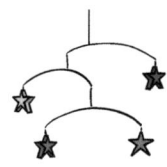

viseće igračke

Zabawki ruchome

društvene igre

Gra planszowa

kocka

Kości

minijaturna željeznica

Kolejka elektryczna

duda

Smoczek

tulum

Przyjęcie

slikovnica

Książka z ilustracjami

lopta

Piłka

lutka

Lalka

igrati

bawić się

pješčanik
Piaskownica

ljuljačka
Huśtawka

igračka
Zabawki

konzola za igre
Konsola do gier

tricikl
Rowerek trójkołowy

plišani medo
Pluszowy miś

ormar
Szafa ubraniowa

odjeća
Ubiór

kratke čarape
Skarpety

čarape
Pończochy

hulahopke
Rajstopy

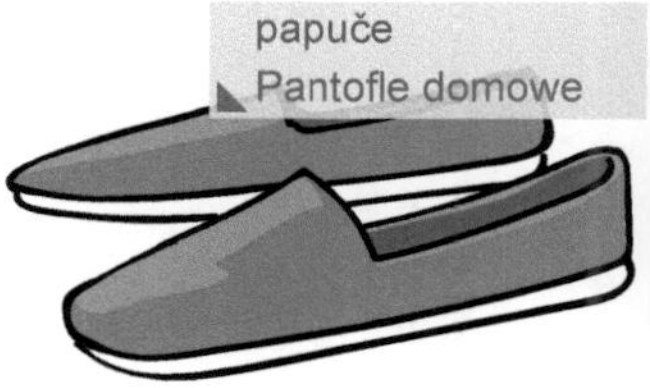

šal
Szal

kišobran
Parasol

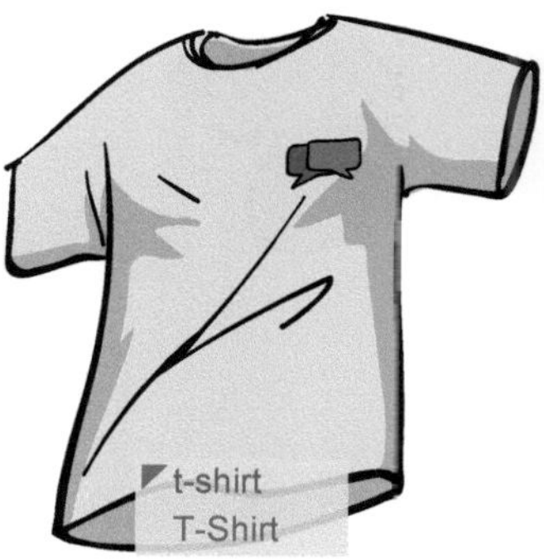

t-shirt
T-Shirt

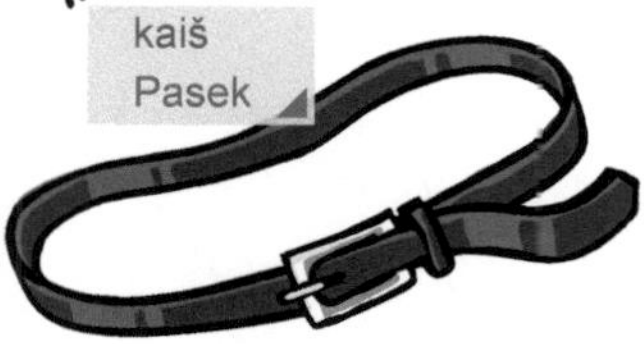

kaiš
Pasek

čizme
Kozaki

papuče
Pantofle domowe

patike
Obuwie sportowe

sandale
····················
Sandały

cipele
····················
Buty

gumene čizme
····················
Kalosze

gaćice
····················
Majtki

grudnjak
····················
Biustonosz

potkošulja
····················
Podkoszulek

bodi

Body

hlače

Spodnie

džins

Dżins

haljina

Spódnica

bluza

Bluzka

košulja

Koszula

džemper

Pulower

pulover s kapuljačom

Bluza sportowa

blejzer

Marynarka

jakna

Kurtka

kaput

Płaszcz

kabanica

Płaszcz przeciwdeszczowy

kostim

Kostium

haljina

Sukienka

vjenčanica

Suknia ślubna

odijelo

Garnitur męski

spavaćica

Koszula nocna

pidžama

Piżama

sari

Sari

rubac

Chusta na głowę

turban

Turban

burka

Burka

kaftan

Kaftan

abaja

Abaya

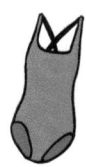

kupaći kostim

Strój kąpielowy

kupaće gaćice

Kąpielówki

kratke hlače

Krótkie spodnie

odjeća za trening

Dres sportowy

pregača

Fartuch

rukavice

Rękawiczki

gumb

Guzik

naočale

Okulary

narukvica

Bransoletka

ogrlica

Łańcuszek

prsten

Pierścionek

naušnica

Kolczyk

kapa

Czapka

vješalica

Wieszak

šešir

Kapelusz

kravata

Krawat

patent zatvarač

Zamek błyskawiczny

kaciga

Kask

naramenice

Szelki

školska uniforma

Mundurek szkolny

uniforma

Mundur

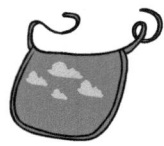

podbradak

Śliniaczek

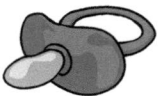

duda

Smoczek

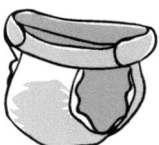

pelena

Pieluszka

ured
Biuro

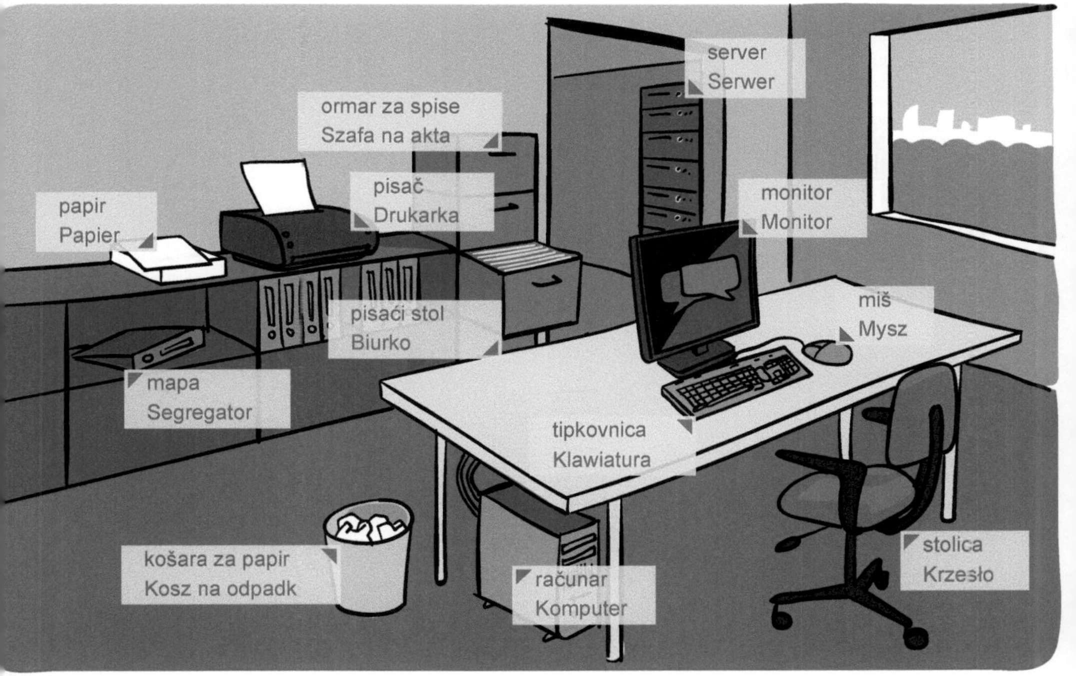

server
Serwer
ormar za spise
Szafa na akta
pisač
Drukarka
papir
Papier
monitor
Monitor
pisaći stol
Biurko
miš
Mysz
mapa
Segregator
tipkovnica
Klawiatura
košara za papir
Kosz na odpadk
stolica
Krzesło
računar
Komputer

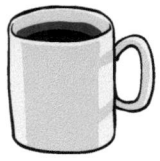

šalica za kavu

Filiżanka do kawy

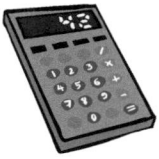

kalkulator

Kalkulator

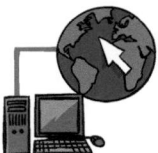

internet

Internet

laptop

Laptop

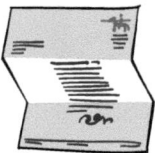

pismo

List

poruka

Wiadomość

mobilni telefon

Komórka

mreža

Sieć

uređaj za kopiranje

Kopiarka

softver

Oprogramowanie

telefon

Telefon

utičnica

Gniazdko

faks

Faks

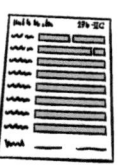

obrazac

Formularz

dokument

Dokument

kupovati

kupić

platiti

płacić

trgovati

postępować

novac

Pieniądze

dolar

Dolar

euro

Euro

jen

Jen

rubalj

Rubel

švicarski franak

Frank

renmindbi yuan

Juan Renminbi

rupija

Rupia

automat za novac

Bankomat

mjenjačnica

Kantor wymiany walut

zlato

Złoto

srebro

Srebro

nafta

Olej

energija

Energia

cijena

Cena

ugovor

Umowa

porez

Podatek

dionica

Akcja

raditi

pracować

službenik

Pracownik umysłowy

poslodavac

Pracodawca

tvornica

Fabryka

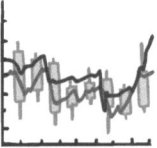

prodavaonica

Sklep

policajac
Policjant

vatrogasac
Strażak

kuhar
Kucharz

liječnik
Lekarz

pilot
Pilot

vrtlar
Ogrodnik

stolar
Stolarz

krojačica
Krawcowa

sudija
Sędzia

kemičar
Chemik

glumac
Aktor

vozač autobusa

Kierowca autobusu

vozač taksija

Taksówkarz

ribar

Fischer

čistačica

Sprzątaczka

krovopokrivač

Dekarz

konobar

Kelner

lovac

Myśliwy

slikar

Malarz

pekar

Piekarz

električar

Elektryk

građevinski radnik

Robotnik budowlany

inženjer

Inżynier

mesar

Rzeźnik

limar

Instalator

poštar

Listonosz

vojnik

Żołnierz

arhitekta

Architekt

blagajnik

Kasjer

cvjećar

Florysta

frizer

Fryzjer

kondukter

Konduktor

mehaničar

Mechanik

kapetan

Kapitan

zubar

Dentysta

znanstvenik

Naukowiec

rabi

Rabin

imam

Imam

monah

Mnich

svećenik

Proboszcz

alati
Narzędzia

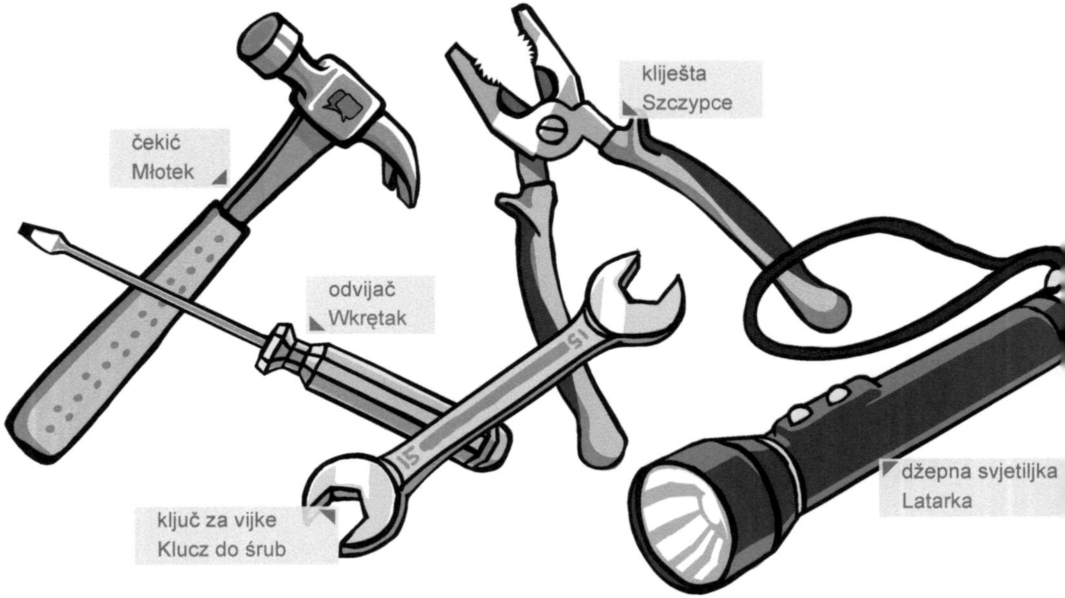
čekić
Młotek
kliješta
Szczypce
odvijač
Wkrętak
ključ za vijke
Klucz do śrub
džepna svjetiljka
Latarka

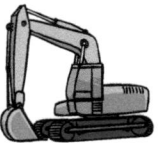

rovokopač

Koparka

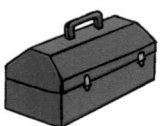

kutija za alat

Skrzynka narzędziowa

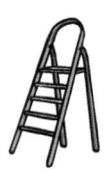

ljestve

Drabina

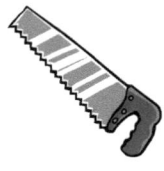

pila

Piła

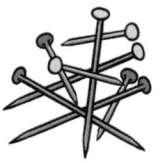

ekser

Gwoździe

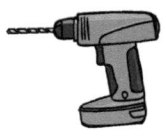

bušilica

Wiertło

popraviti

naprawić

lopata

Łopatka

Sranje!

Cholera!

lopatica

Szufelka

lonac za boju

Puszka z farbą

vijci

Śruby

glazbeni instrument
Instrumenty muzyczne

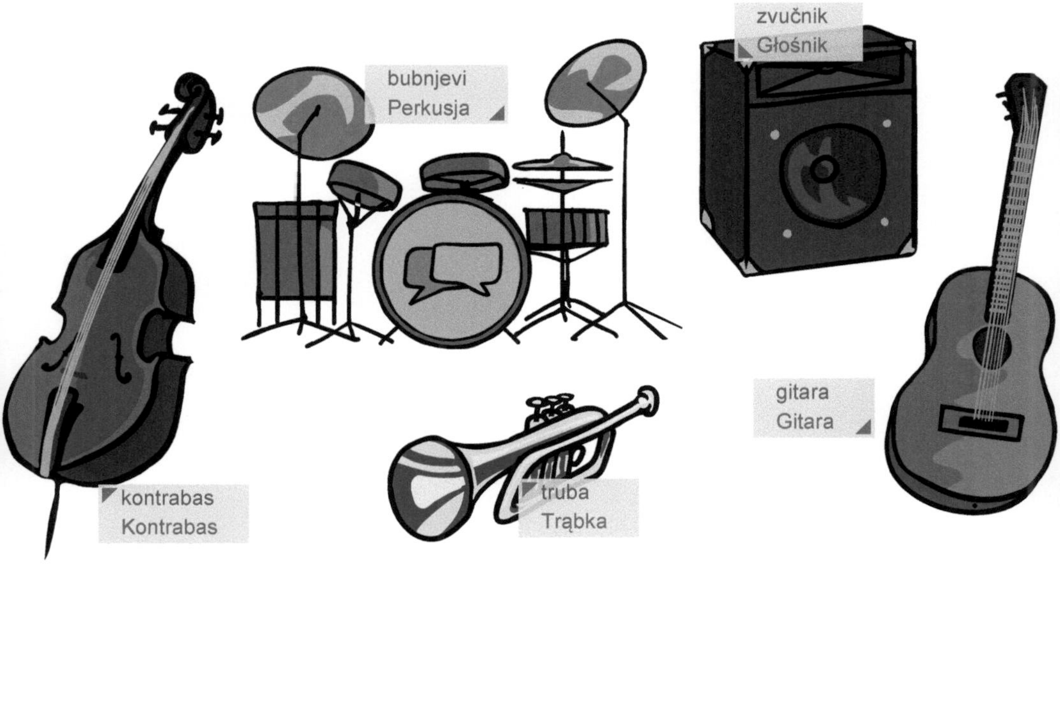

bubnjevi
Perkusja

zvučnik
Głośnik

gitara
Gitara

kontrabas
Kontrabas

truba
Trąbka

klavir

Pianino

violina

Skrzypce

bas

Bas

timpani

Kotły

udaraljke za bubnjeve

Bęben

keyboard

Keyboard

saksofon

Saksofon

flauta

Flet

mikrofon

Mikrofon

zoološki vrt
Zoo

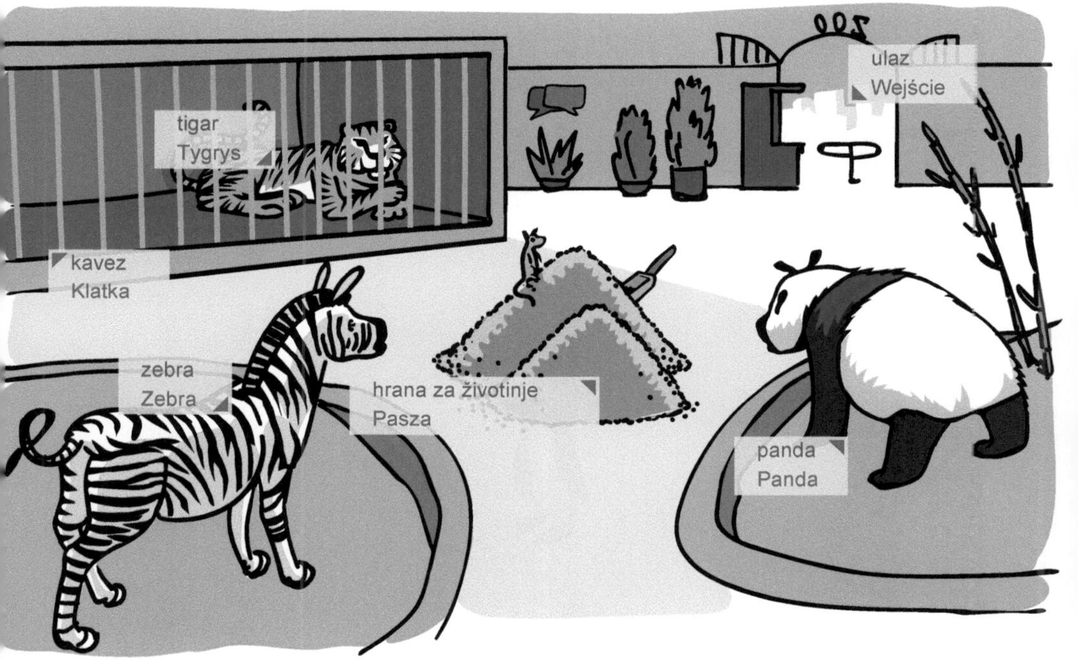

tigar
Tygrys
ulaz
Wejście
kavez
Klatka
zebra
Zebra
hrana za životinje
Pasza
panda
Panda

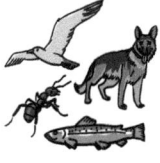

životinje

Zwierzęta

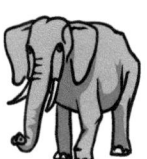

slon

Słoń

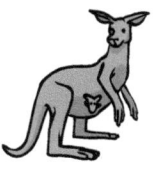

kengur

Kangur

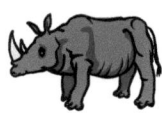

nosorog

Nosorożec

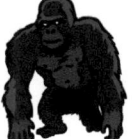

gorila

Goryl

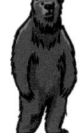

medvjed

Niedźwiedź

kamila

Wielbłąd

noj

Struś

lav

Lew

majmun

Małpa

flamingo

Fleming

papagaj

Papuga

polarni medvjed

Niedźwiedź polarny

pingvin

Pingwin

ajkula

Rekin

paun

Paw

zmija

Wąż

krokodil

Krokodyl

čuvar u zoološkom vrtu

Dozorca w zoo

tuljan

Foka

jaguar

Jaguar

poni

Kucyk

leopard

Gepard

nilski konj

Hipopotam

žirafa

Żyrafa

orao

Orzeł

divlja svinja

Dzik

riba

Ryba

kornjača

Żółw

morž

Mors

lisica

Lis

gazela

Gazela

američki nogomet
Futbol amerykański

biciklizam
Kolarstwo

tenis
Tenis

košarka
Koszykówka

plivanje
Pływanie

boks
Boks

hockey na ledu
Hokej na lodzie

nogomet
Piłka nożna

badminton
Badminton

atletika
Lekka atletyka

rukomet
Piłka ręczna

skijanje
Narciarstwo

polo
Polo

aktivnosti
Działania

skočiti
skakać
zagrliti
objąć
smijati se
śmiać się
ići
iść
pevati
śpiewać
sanjati
marzyć
moliti se
modlić się
poljubiti
całować

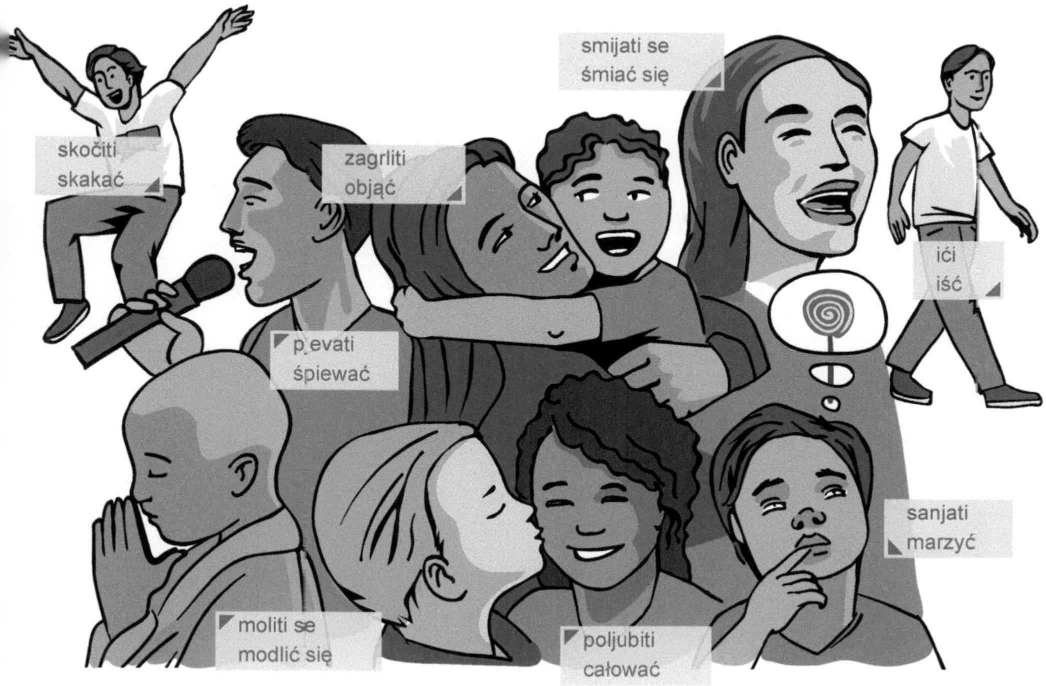

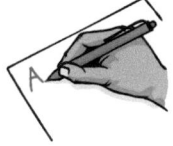

pisati

pisać

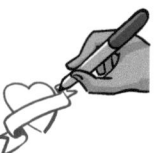

crtati

rysować

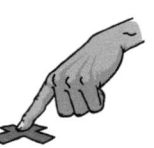

pokazati

pokazywać

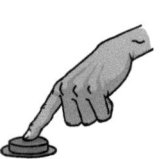

gurati

nacisnąć

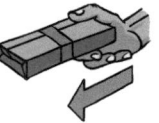

dati

dać

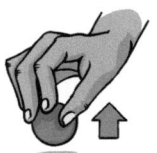

uzeti

wziąć

imati

mieć

činiti

robić

biti

być

stojati

stać

trčati

biegać

povlačiti

ciągnąć

baciti

rzucać

padati

spaść

ležati

leżeć

čekati

czekać

nositi

nosić

sjediti

siedzieć

oblačiti

zakładać

spavati

spać

probuditi se

budzić się

gledati

spojrzeć

plakati

płakać

milovati

głaskać

češljati

czesać się

govoriti

mówić

razumjeti

rozumieć

pitati

pytać

slušati

słyszeć

piti

pić

jesti

jeść

pospremiti

sprzątać

voljeti

kochać

kuhati

gotować

voziti

jechać

letjeti

latać

ploviti

żeglować

računati

liczyć

čitati

czytać

učiti

uczyć się

raditi

pracować

vjenčati se

wejść w związek małżeński

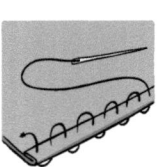

šiti

szyć

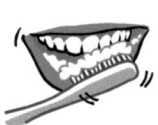

prati zube

myć zęby

ubiti

zabić

pušiti

palić tytoń

poslati

wysłać

obitelj
Rodzina

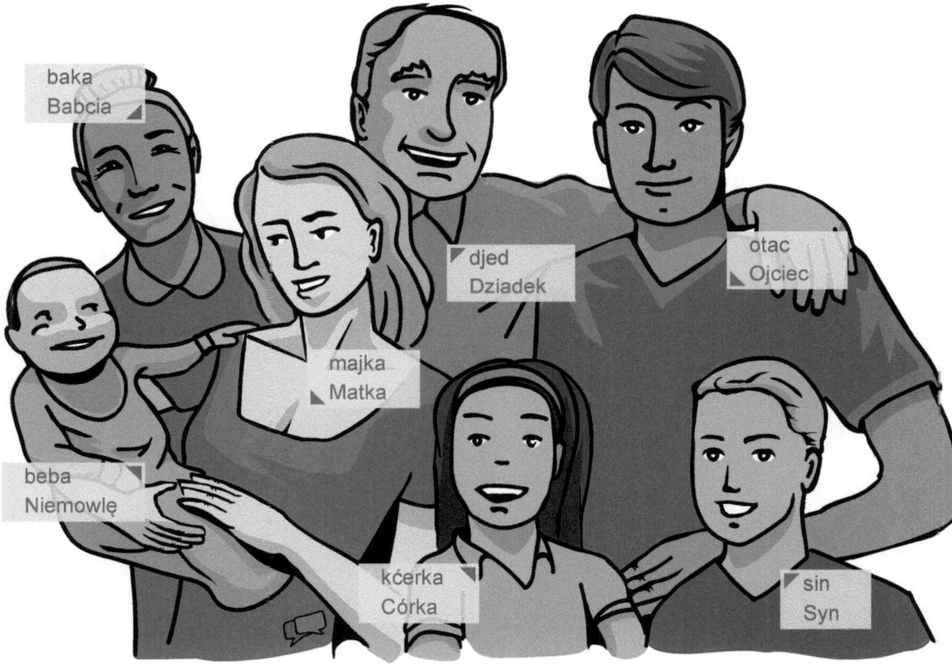

baka
Babcia
djed
Dziadek
otac
Ojciec
majka
Matka
beba
Niemowlę
kćerka
Córka
sin
Syn

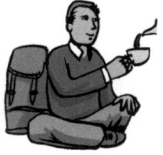

gost

Gość

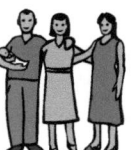

tetka

Ciotka

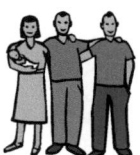

ujak, stric

Wujek

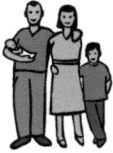

brat

Brat

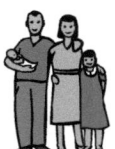

sestra

Siostra

tijelo
Ciało

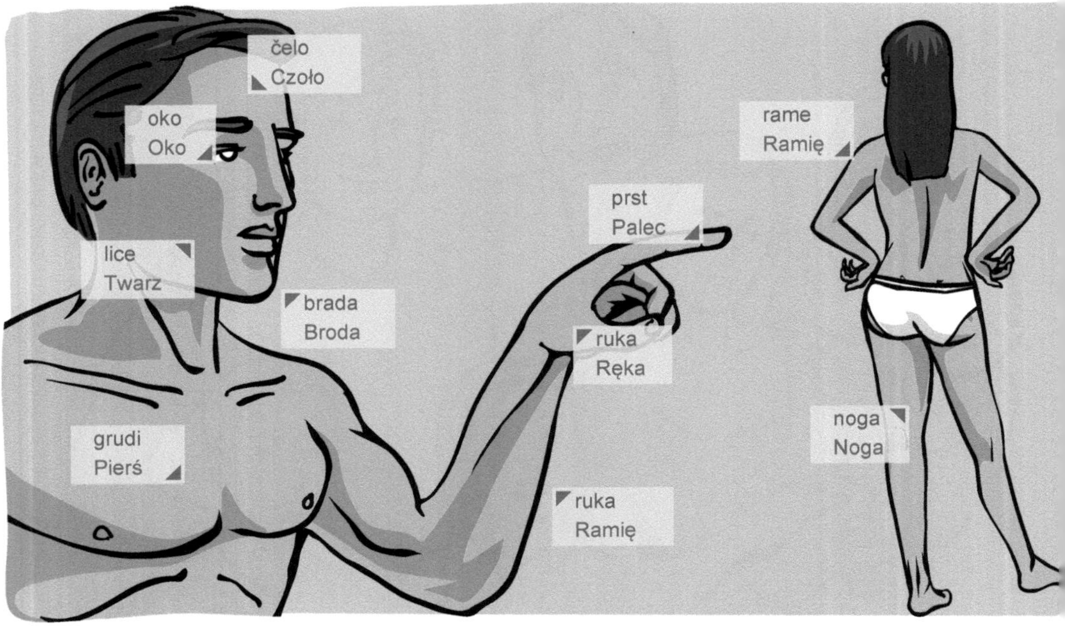

čelo
Czoło

oko
Oko

rame
Ramię

prst
Palec

lice
Twarz

brada
Broda

ruka
Ręka

grudi
Pierś

noga
Noga

ruka
Ramię

beba

Niemowlę

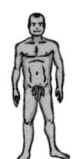

muškarac

Mężczyzna

žena

Kobieta

djevojčica

Dziewczyna

dječak

Chłopiec

glava

Głowa

leđa

Plecy

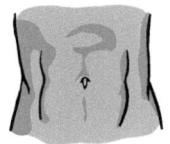

trbuh

Brzuch

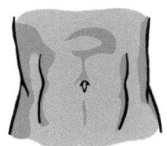

pupak

Pępek

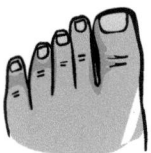

nožni prst

palec nogi

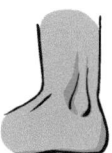

peta

Pięta

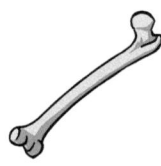

kost

Kość

kuk

Biodro

koljeno

Kolano

lakat

Łokieć

nos

Nos

stražnjica

Pośladki

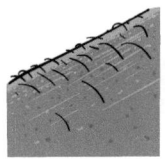

koža

Skóra

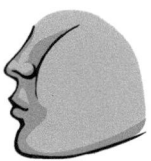

obraz

Policzek

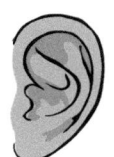

uho

Uszy

usna

Warga

usta

Usta

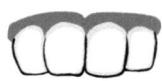

zub

Ząb

jezik

Język

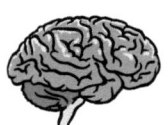

mozak

Mózg

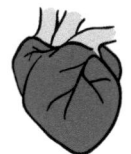

srce

Serce

mišić

Mięsień

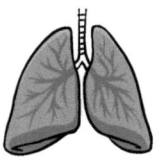

pluća

Płuca

jetra

Wątroba

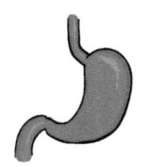

želudac

Żołądek

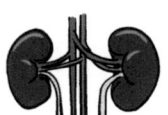

bubrezi

Nerki

snošaj

Stosunek płciowy

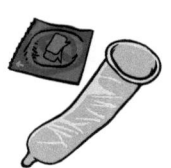

kondom

Kondom

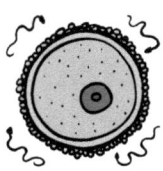

jajna stanica

Komórka jajowa

sperma

Sperma

trudnoća

Ciąża

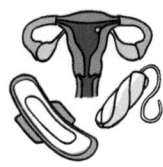

menstruacija

Menstruacja

vagina

Wagina

penis

Penis

obrva

Brew

kosa

Włosy

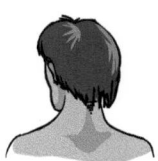

vrat

Szyja

bolnica
Szpital

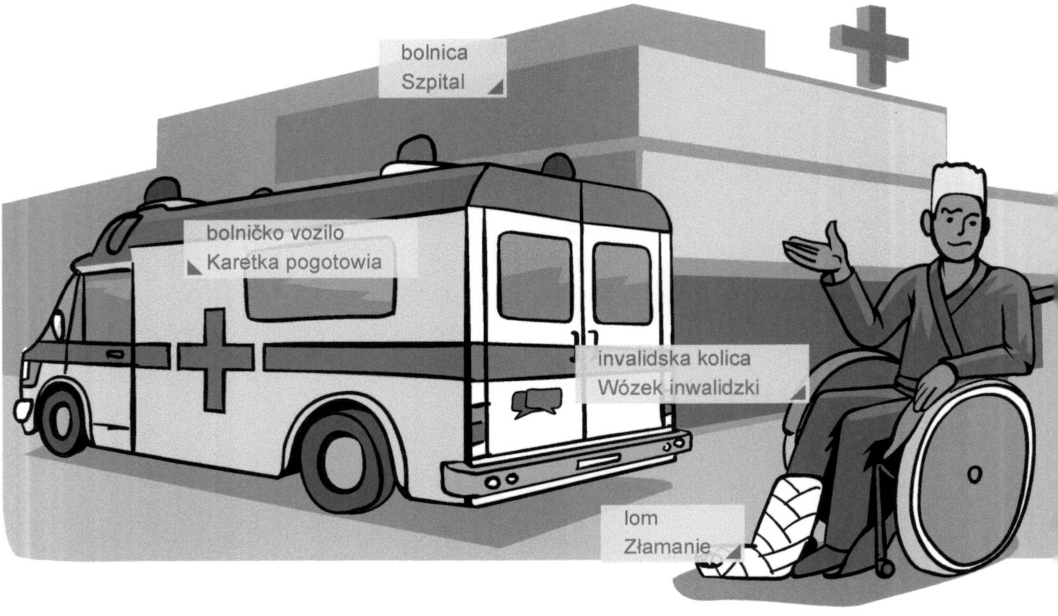

bolnica
Szpital
bolničko vozilo
Karetka pogotowia
invalidska kolica
Wózek inwalidzki
lom
Złamanie

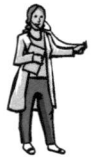

liječnik

Lekarz

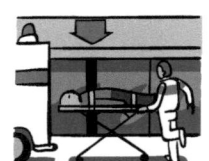

hitna medicinska služba

Izba przyjęć

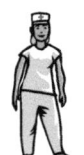

medicinska sestra

Pielęgniarka

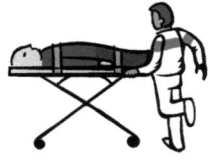

hitni slučaj

Nagły przypadek

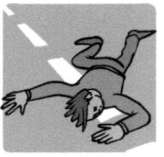

nesvijest

nieprzytomny

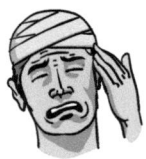

bol

Ból

ozljeda

Skaleczenie

krvarenje

Krwawienie

srćani infarkt

Zawał serca

moždani udar

Udar mózgu

alergija

Alergia

kašalj

Kaszleć

groznica

Gorączka

gripa

Grypa

proljev

Biegunka

glavobolja

Ból głowy

rak

Rak

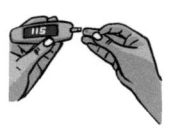

dijabetes

Cukrzyca

kirurg

Chirurg

skalpel

Skalpel

operacija

Operacja

ct
CT

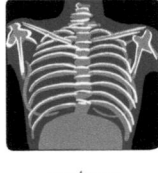

rentgen
Rentgen

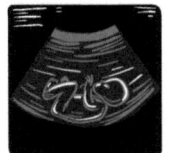

ultrazvuk
Ultradźwięki

maska
Maska

bolest
Choroba

čekaonica
Poczekalnia

štaka
Kula

flaster
Plaster

zavoj
Opatrunek

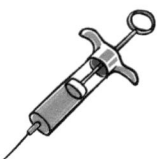

injekcija
Iniekcja

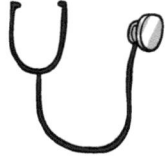

stetoskop
Stetoskop

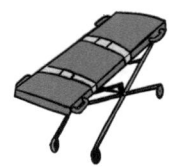

nosilo
Nosze

termometar
Termometr

rođenje
Poród

prekomjerna težina
Nadwaga

slušni aparat

Aparat słuchowy

sredstvo za dezinfekciju

Środek dezynfekcyjny

infekcija

Infekcja

virus

Wirus

hiv / sida

HIV / AIDS

medicina

Medycyna

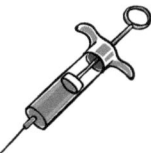

vakcinacija

Szczepienie

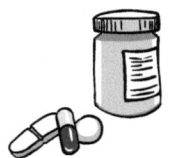

tablete

Tabletki

pilula

Pigułka

poziv u pomoć

Telefon ratunkowy

uređaj za mjerenje tlaka

Ciśnieniomierz krwi

bolesno / zdravo

chory / zdrowy

pomoć!
Pomocy!

alarm
Alarm

nasrtaj
Napad

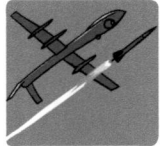

napad
Atak

opasnost
Niebezpieczeństwo

izlaz za nuždu
Wyjście awaryjne

požar!
Pożar!

vatrogasni aparat
Gaśnica

nezgoda
Wypadek

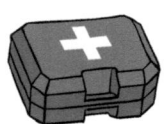

kofer prve pomoći
Walizeczka pierwszej
pomocy

sos
SOS

policija
Policja

Europa

Europa

sjeverna amerika

Ameryka Północna

južna amerika

Ameryka Południowa

Afrika

Afryka

Azija

Azja

Australija

Australia

Atlantik

Atlantyk

Pacifik

Pacyfik

ocean

Ocean Indyjski

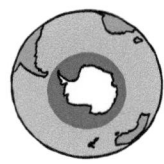

antarktički ocean

Ocean Antarktyczny

arktički ocean

Ocean Arktyczny

sjeverni pol

Biegun północny

południowy
Biegun południowy

Antarktik
Antarktyda

zemlja
Ziemia

zemlja
Kraj

more
Morze

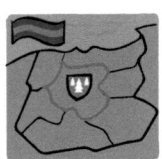

otok
Wyspa

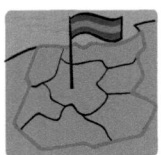

nacija
Naród

država
Państwo

brojčanik sata

Cyferblat

satna kazaljka

Wskazówka godzinowa

minutna kazaljka

Wskazówka minutowa

sekundna kazaljka

Wskazówka sekundowa

Koliko je sati?

Która godzina?

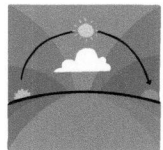

dan

Dzień

vrijeme

Czas

sada

teraz

digitalni sat

Zegarek digitalny

minuta

Minuta

sat

Godzina

tjedan
Tydzień

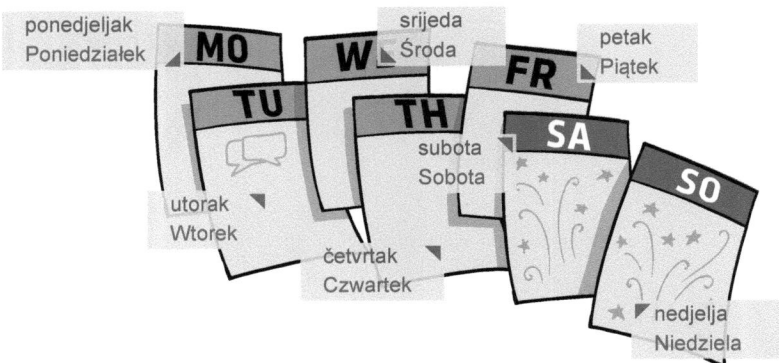

ponedjeljak
Poniedziałek

srijeda
Środa

petak
Piątek

utorak
Wtorek

četvrtak
Czwartek

subota
Sobota

nedjelja
Niedziela

jučer
wczoraj

danas
dzisiaj

sutra
jutro

jutro
Rano

podne
Południe

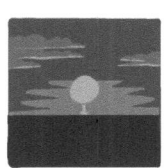

večer
Wieczór

radni dani
Dni robocze

vikend
Weekend

godina
Rok

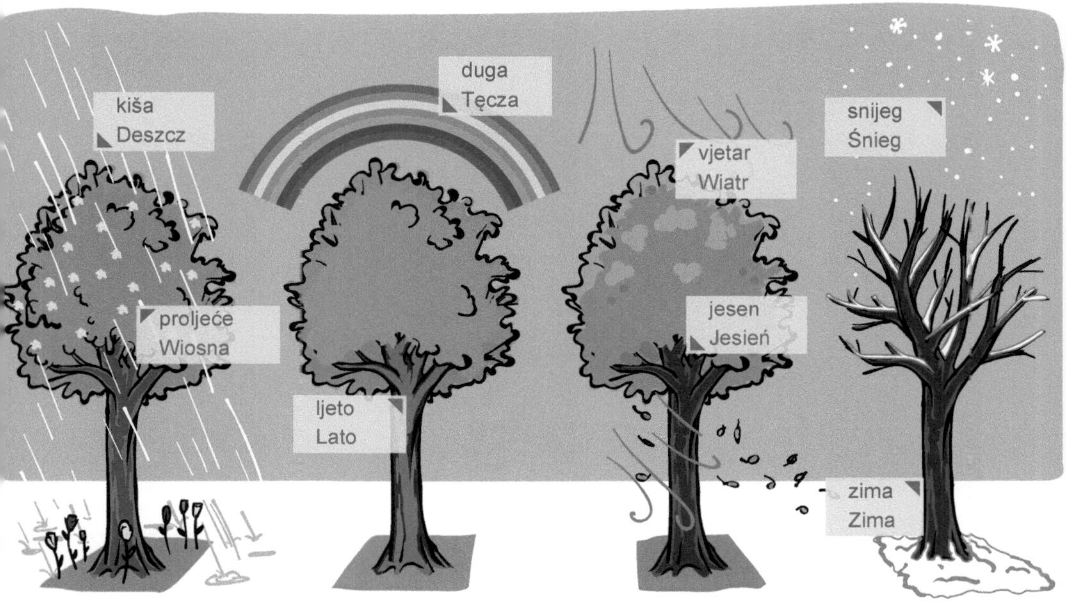
kiša
Deszcz
duga
Tęcza
vjetar
Wiatr
snijeg
Śnieg
proljeće
Wiosna
jesen
Jesień
ljeto
Lato
zima
Zima

4.APRIL 11°
5.APRIL 4°
6.APRIL 13°
7.APRIL 8°
8.APRIL 10°

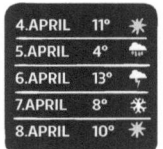

meteorološka prognoza

Prognoza pogody

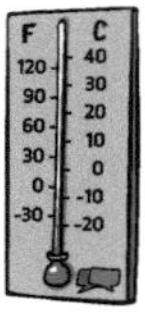
F C
120 40
90 30
60 20
30 10
0 0
-30 -10
-20

termometar

Termometr

sunčana svjetlost

Światło słoneczne

oblak

Chmura

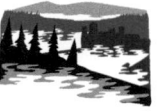

magla

Mgła

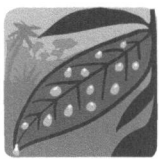

vlažnost zraka

Wilgotność powietrza

munja

Błyskawica

grmljavina

Grzmot

oluja

Sztorm

tuča

Grad

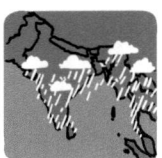

monsun

Monsun

poplava

Potop

led

Lód

siječanj

Styczeń

veljača

Luty

ožujak

Marzec

travanj

Kwiecień

svibanj

Maj

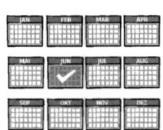

lipanj

Czerwiec

srpanj

Lipiec

kolovoz

Sierpień

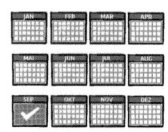

rujan
....
Wrzesień

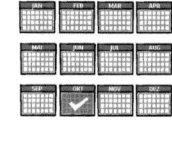

listopad
....
Październik

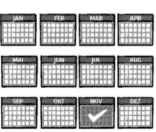

studeni
....
Listopad

prosinac
....
Grudzień

Kształty

krug
....
Koło

kvadrat
....
Kwadrat

pravokutnik
....
Prostokąt

trokut
....
Trójkąt

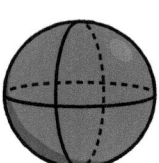

kugla
....
Kula

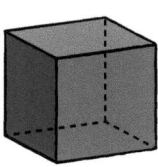

kocka
....
Sześcian

bijela
biały

žuta
żółty

narančasta
pomarańczowy

ružičasta
różowy

crvena
czerwony

ljubičasta
liliowy

plava
niebieski

zelena
zielony

smeđa
brązowy

siva
szary

crna
czarny

mnogo / malo

dużo / mało

ljutito / mirno

wściekły / spokojny

lijepo / ružno

piękny / brzydki

početak / kraj

początek / koniec

veliko / maleno

duży / mały

svijetlo / tamno

jasny / ciemny

brat / sestra

brat / siostra

čisto / prljavo

czysty / brudny

potpuno / nepotpuno

kompletny / niekompletny

dan / noć

dzień / noc

mrtvo / živo

umarły / żywy

široko / usko

szeroki / wąski

jestivo / nejestivo

jadalny / niejadalny

zlo / dobro

zły / uprzejmy

uzbuđeno / dosadno

podniecony / znudzony

debelo / mršavo

gruby / chudy

na početku / na kraju

najpierw / na końcu

prijatelj / neprijatelj

przyjaciel / wróg

puno / prazno

pełen / pusty

tvrdo / mekano

twardy / miękki

teško / lagano

ciężki / lekki

glad / žeđ

głód / pragnienie

bolesno / zdravo

chory / zdrowy

ilegalno / legalno

nielegalny / legalny

pametno / glupo

inteligentny / głupi

lijevo / desno

lewo / prawo

blizu / daleko

bliski / daleki

novo / rabljeno

nowy / używany

ništa / nešto

nic / coś

staro / mlado

stary / młody

uključeno / isključeno

włącz / wyłącz

otvoreno / zatvoreno

otwarty / zamknięty

tiho / glasno

cichy / głośny

bogato / siromašno

bogaty / biedny

točno / pogrešno

prawidłowy / błędny

hrapavo / glatko

chropowaty / gładki

tužno / sretno

smutny / szczęśliwy

kratko / dugo

krótki / długi

polako / brzo

powolny / szybki

mokro / suho

mokry/suchy

toplo / hladno

ciepły / chłodny

rat / mir

wojna / pokój

0	1	2
nula	jedan	dva
zero	jeden	dwa

3	4	5
tri	četiri	pet
trzy	cztery	pięć

6	7	8
šest	sedam	osam
sześć	siedem	osiem

9	10	11
devet	deset	jedanaest
dziewięć	dziesięć	jedenaście

12

dvanaest

dwanaście

13

trinaest

trzynaście

14

četrnaest

czternaście

15

petnaest

piętnaście

16

šestnaest

szesnaście

17

sedamnaest

siedemnaście

18

osamnaest

osiemnaście

19

devetnaest

dziewiętnaście

20

dvadeset

dwadzieścia

100

stotinu

sto

1.000

tisuću

tysiąc

1.000.000

milijun

milion

engleski

Angielski

američko engleski

Angielski amerykański

kinesko mandarinski

Chiński mandaryński

hindi

Hindi

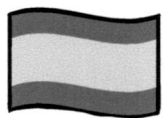

španjolski

Hiszpański

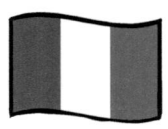

francuski

Francuski

arapski

Arabski

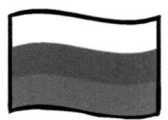

ruski

Rosyjski

portugalski

Portugalski

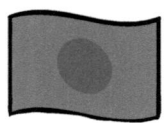

bengalski

Bengalski

njemački

Niemiecki

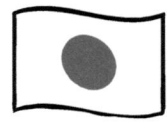

japanski

Japoński

ja

ja

ti

ty

on / ona / ono

on / ona / ono

mi

my

vi

wy

oni

oni

tko?

kto?

što?

co?

kako?

jak?

gdje?

gdzie?

kada?

kiedy?

ime

Nazwisko

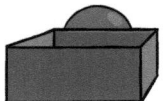

iza

za

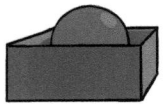

u

w

ispred

przed

preko

powyżej

na

na

ispod

pod

pored

obok

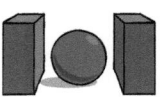

između

między

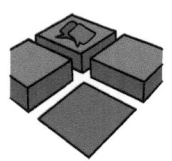

mjesto

Miejsce